Books by Dos Madres Press

Michael Autrey - From The Genre Of Silence
Paul Bray - Things Past and Things to Come
Paul Bray - Terrible Woods
Jon Curley - New Shadows
Deborah Diemont - The Wanderer
Joseph Donahue - The Copper Scroll
Annie Finch - Home Birth
Norman Finkelstein - An Assembly
Gerry Grubbs - Still Life
Gerry Grubbs - Girls in Bright Dresses Dancing
Richard Hague - Burst, Poems Quickly
Pauletta Hansel   First Person
Michael Heller - A Look at the Door with the Hinges Off
Michael Heller - Earth and Cave
Michael Henson - The Tao of Longing & The Body Geographic
Eric Hoffman - Life At Braintree
James Hogan - Rue St. Jacques
Keith Holyoak - My Minotaur
Burt Kimmelman - There Are Words
Richard Luftig - Off The Map
J. Morris - The Musician, Approaching Sleep
Robert Murphy - Not For You Alone
Robert Murphy - Life in the Ordovician
Peter O'Leary - A Mystical Theology of the Limbic Fissure
Bea Opengart - In The Land
David A. Petreman - Candlelight in Quintero - bilingual edition
David Schloss - Behind the Eyes
William Schickel - What A Woman
Murray Shugars - Songs My Mother Never Taught Me
Nathan Swartzendruber - Opaque Projectionist
Jean Syed - Sonnets
Madeline Tiger - The Atheist's Prayer
Henry Weinfield - The Tears of the Muses
Henry Weinfield - Without Mythologies
Donald Wellman - A North Atlantic Wall
Tyrone Williams - Futures, Elections

www.dosmadres.com

DOS MADRES

This book is a special bi-lingual edition. It combines and updates two chapbooks by David A. Petreman previously published in 2007 by Dos Madres Press - *Candelight in Quintero* and *Luz de Vela en Quintero*. This set of poems was initially written in English and then translated by the author for the Spanish version.

The English version will appear first and then the complete Spanish version. Also included in this new edition is an audio CD of the author reading the poems in both Spanish and English.

For Karen —
May you enjoy these
poems from my second home,
and from my heart.

David A. Petersen

ENGLISH EDITION

Candlelight in Quintero

POEMS by DAVID A. PETREMAN

DOS MADRES PRESS

Dos Madres Press
P.O. Box 294, Loveland, Ohio 45140
http://www.dosmadres.com
editor@dosmadres.com

Dos Madres is dedicated to the belief that the small press is essential to the vitality of contemporary literature as a carrier of the new voice, as well as the older, sometimes forgotten voices of the past. And in an ever more virtual world, to the creation of fine books pleasing to the eye and hand.

Dos Madres is named in honor of Vera Murphy and Libbie Hughes, the "Dos Madres" whose contributions have made this press possible.

Dos Madres Press, Inc. is an Ohio Not For Profit Corporation and a 501 (c) (3) qualified public charity. Contributions are tax deductible.

Executive Editor: Robert J. Murphy

Book design and illustration by Elizabeth Murphy
(IllusionStudios.net)

Typeset in Palatino & Malagua Demo

ACKNOWLEDGEMENTS
The following poems have been previously published:
Bernabé in *The Antigonish Review*.
Ignis Fatuus, The Evening Toast, & In Francisco's Work Shed
  in *Tampa Review*.
Gratitude in *Nexus*
Father Petek of the Wind in *The Carolina Quarterly*
Winter Falls on Tierra del Fuego in *Illuminations*
On the Night Friends Come to Send Me Back Home in
  The American Voice
Littoral Birth at Isla Negra in *World Order*

Copyright 2011 Dos Madres Press Inc.
All rights to reproduction of the text, quotation,
and translation reside with the author.

Library of Congress Control Number: 2010939735
ISBN 978-1-933675-54-1

for Camille Taylor

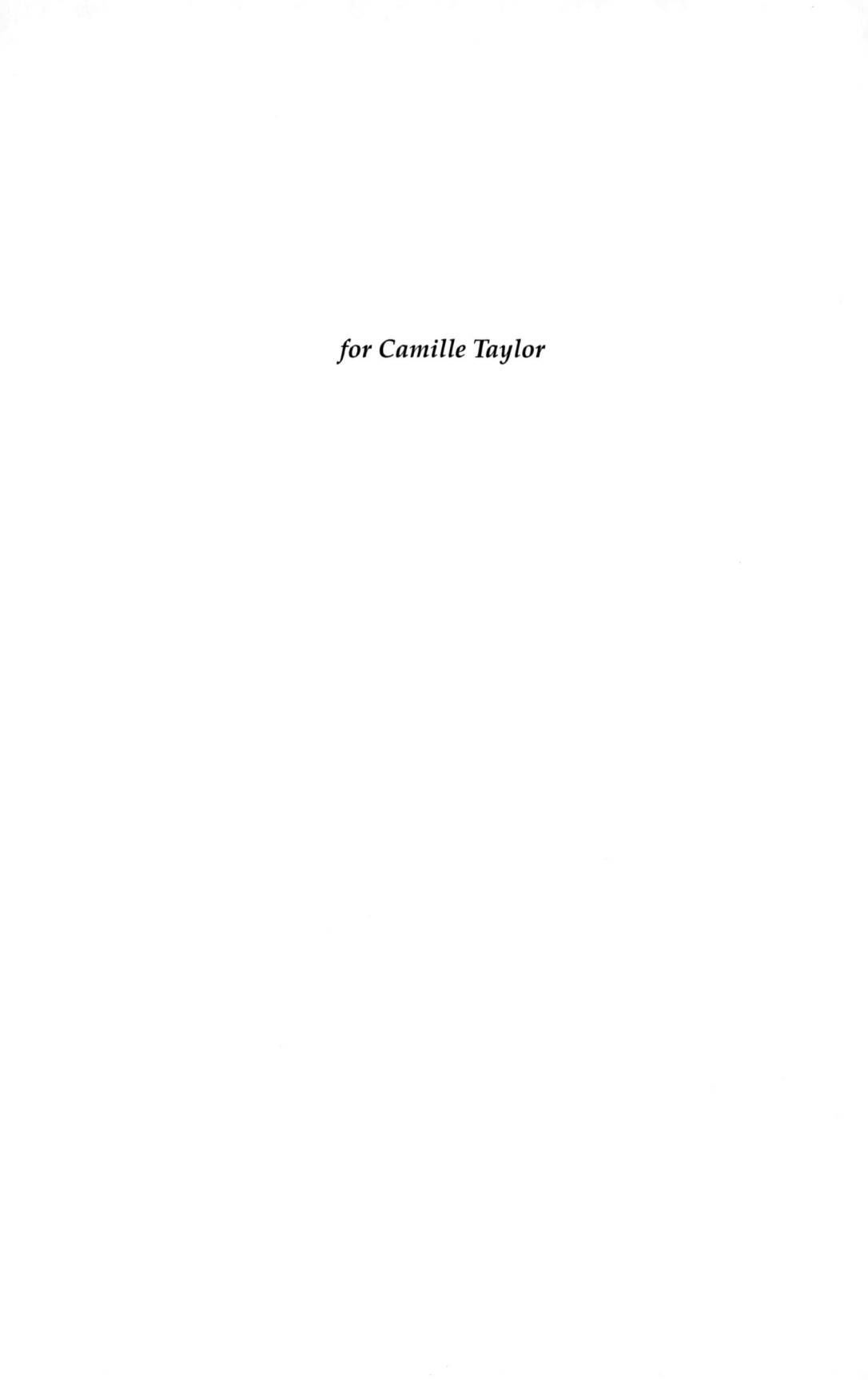

Table of Contents

- XV   Introduction
- 17   Surrogate
- 18   The Patio
- 19   Bottles in the Sea
- 22   Bernabé
- 23   In Ambrosio del Río Plaza
- 24   Humiliana: Portrait in the Spare Room
- 25   Ignis Fatuus
- 26   Return to Lota
- 28   Parquet
- 29   Gratitude
- 30   Gathering Stones at Low Tide on a Deserted Beach in Pelluco
- 31   The Woodcutter of Quemchi
- 32   Father Petek of the Wind
- 33   Arriving at Tierra del Fuego on Winter Solstice as the Guest of Elderly Strangers
- 35   Winter Falls on Tierra del Fuego
- 36   Littoral Birth at Isla Negra
- 38   On the Night Friends Come to Send Me Back Home
- 39   The Evening Toast
- 40   Candlelight in Quintero
- 43   Garden of Stars
- 45   In Francisco's Work Shed
- 47   About the Author

Introduction

In the Chilean winter of 1984, I made my first of ten trips—so far—to the country I call my second home. I was too uninformed and naïve to know that I was walking into the darkness of a brutal dictatorship.

I was soon to learn from my hosts, legendary writer Francisco Coloane and his wife, that their son Juan Francisco, who was my age, had been in exile since the bloody takeover of 1973, his name having been on the list of those "to be eliminated". It was soon apparent that I was becoming a surrogate son. What would also come clear were the horrors and fears of an entire nation and how the people were waiting, waiting for the dictator to fall ("va a caer", he is going to fall).

I traveled throughout Chile, particularly in the south, all the way to the tip of South America and across the Strait of Magellan to Tierra del Fuego, where I would magically hear Paganini for the first time and where I would understand the true meaning of solitude. Along the way I saw virgin forests, mining towns, and the mystical islands of Chiloé, where Coloane was born in the town of Quemchi. I experienced the great energy of the ocean and of the Andes Mountains, and I contemplated a nature so majestic that it seemed to expand Chile far beyond its narrow strip of land.

From the despair I witnessed and out of my own fear rose up a kind of courage and hope, as I came to know poets and other writers, artists and musicians, a dentist, a meteorologist priest, fishermen, the country poor, humble laborers, town drunks and a rancher on Tierra del Fuego. I embraced a camaraderie unlike anything I had previously experienced. I discovered the spirit of Pablo Neruda on his own turf, and, more importantly for me, I was blessed to become close to Neruda's friend, drinking partner, confidant and fellow writer, Francisco Coloane.

Coloane invited me many times to live in his home in Santiago and to spend time, with or without him, at his sanctuary house on the Pacific Ocean, in Quintero. From out of the darkness of the dictatorship streamed the light of this man's existence. He was bigger than life for the Chilean people, and still is for me, eight years after his death, for I can see him gliding through his "garden of stars".

Francisco and his country have marked me forever.

Surrogate

I enter a room
Untouched in eleven years

Single linens stretched tight,
Blankets layered
Against the length
Of more Santiago winters
Than they counted
To be without him,

On the chair
Smooth kangaroo skin
Unworn by the back
Of a young man
Pressing to read
In the first light
Of Andean dawns,

Closets full of hangers,
One robe waiting
To bring him home.

As for the first time
I sit, draw down the sheets,
Turn them slowly
Like the first page
Of a sacred book.

They say I am the shadow
Of Juan Francisco,
I have purified their home,
Brought back life.

On winter nights
I give in to chilled air,
Wrap myself in his blankets,
Breathe deeply,
Watch my breath disappear
Like an exiled son.

The Patio

It is
So narrow
It fills
With palta
Leaves
Overnight,
Rarely
Holds
A thin
Strip
Of sun.
She comes
Then, black
Shift, broom,
Can of water,
To care
For three
Plants,
For herself,
Her husband
And son
Who was
Swept away
During the
First days.
She knows
Tomorrow
May bring
Another
Month of
No light,
That her
Plants dig
Deeper
Into earth,
And cannot
Blossom.

Bottles in the Sea

> *"Cast your bread upon the waters;*
> *for thou shalt find it after many days."*
> —Ecclesiastes 11:1

The first bottle is sucked
Out to sea with the tide
By a September moon
Pulling for voices
To sing freely
Songs of work and faith
Sorrow and joy
Bluntly silenced
By the dark force
Blotting out her light.

It is Santa Rita
Cabernet Sauvignon
Detached and floating,
Its fragile ballast
A single line
On a paper strip:
Va a caer.

Succeeding nights
Spawn more bottles,
The tide pulls true.
Santa Clara rises,
Dips, in her hold
Another message:
Va a caer.

Enduring darkness
Generates flotillas,
Santa Carolinas
Filled with echoes
(*y va a caer*)
And screams
Drowned out
Back on the land,
Santa Blancas
Embody lines

Dotted in blood
Stripes of paper
Settle to the glass
Like the residue
Of leftover wine,
(Y va a caer)

The vessels bear
Words that sink more
Heavily into salty currents:
Santa Emilianas reserve
Singular voices of newly
Childless mothers
Whose questions are seized
From their throats
Back on the land,
Voices of children
Who refuse to be born
Until they can see light.
Santa Anas contain
The songs of Jara
And the haunting echoes
(Y va a caer)
Rising from cavernous arenas.

Wave upon wave the vast
Cresting sea
Engulfs the jetsam:
Words that fall
Page by page
Dispatched from sinking
Land into bottles
Drained in despair.
(Y va a caer)

Las santas, conveyed
Through the night
By mounting swells
Float and bob
One by one point out
An open moon,

Begin to flicker
Like candles
Lit in the waiting.
(Y va a caer)

Voices on the sea
Echo deep in the ears
Of those who watch,
Wait for the ocean
To give life back again,
Back again
In waves that fall,
(Y va a caer)
Return lost words,
Songs thought forgotton
Back again
In waves that fall,
(Y va a caer)
Restore pages, books
Nearly lost, names
Of those who are,
In waves that fall,
(Y va a caer)
On other shores, distant
That fall back upon our own,
Bringing bottles
And voices
Back to the land.
Wait…wait.
Va a caer.
Wait.

Bernabé

No mother
Could lift this child.
No condor
Descend to such carrion.

Susana finds him
Covered with lime,
Branches and boards, skin
Dry, still pulling,
Stretching like the hide
Of a staked-out
Deer before tanning.

Soldiers who kill
Take him from her
Again. Try again
To steal the truth.
They stuff him
And parts of others
In bags to haul away
Like letters piling up
From abroad, never
To be delivered.

Susana turns away
From the site
Holding a remnant
Of his shirt.
On the way home
She rocks it in her arms,
Then buries it
Behind the hut
So dawn will never find
Her completely alone.

In Ambrosio del Río Plaza

for Eduardo Llanos

I read his verse
In November's rain
Of jacaranda flowers.

They drop on the page,
Tint his hand
Toward a softer shade.

Bench slats find my bones.
I sit hard this far from home,
Watch a thrush
Tilt its head
Toward the sand,
Then hop away.

I see children
Who could be my own
Kick soccer balls,
Wade in the fountain,
Play hide-and-seek
Among the shedding trees.

They run past me,
Call each other by name.
I pretend to read,
And press purple flowers
For my family
Into a book of poems.

Humiliana: Portrait in the Spare Room

Her smile is so slight
It must have pained her.
Perhaps she did not understand
The camera, or felt betrayed,
Feared what it might take from her.

I can see the edges
Of her lips drop back
To where the world
Would always catch her:

Readying the boat for Pancho
To get to school, taking
Their horse to the small fields,
Plotting for the brief season,
Waiting for a whaling husband
To sail home.

I am lifted to her brown, sad eyes
And I see my aunt Laura, limping
Through the old dining room,
Hauling her leg to the kitchen,
Dragging herself to an early
Cancer death. I hear again
The sister-wail of grief
Force open my mother's mouth
On an early school day,

Until Humiliana quiets me,
Brings me back to where it's okay,
Where things need to be done,
Where rings of hair lie against her
Forehead, where her look holds me.

Humiliana. Humble mother
Of Francisco. I come to the spare room
To see you when I'm alone,
See that you have risen
From the earth, and are pure,
Mother to us all.

Ignis Fatuus

Prostitutes quit
Their house,
Come one by one
Line the street,
See each other
Light up the night
With candles.

One inclines her body,
Receives the flame
Wick to wick,
Kneels to place
Another candle
On a spreading
Animita, a rising
Lucent tide
Sited where death
Discharged a letter
Carrier from the world
Of thieves and knives.

Lured men
With shining eyes
Turn up
Women and children
Cross to virgin
Territory.

Luminaries
Of the night
Stroll this
Widow's walk,
Wait and watch
Before a sea of wax
And fire,
Their only concern
The soul
Of this mailman,
True purveyor
Of love.

Return to Lota

> "In my country they incarcerate miners."
> --Pablo Neruda

Were this a dream the smoke
Would disappear above the town

Embedded between cemetery and a sea
That presses upon ancient forests,
Seeps through time to sting
The eyes of generations
Bent underground to pick,
Carve and retrieve
Petrified wood
Down in shafts that end,
Out in tunnels extending
Kilometers under waves.

Fathers pull young sons
Down with them
Where the rumble confuses—
Ocean breakers, explosions,
Earthquake or cars
Full of coal that burns
Throughout their lives.

Smoke lingers in the sheets
Hanging from porch posts,
Before walls formerly white,
Neruda blue or yellow.
Black dust settles
In the hair of dogs
Waiting in the cold
Near closed doors.

We walk like the dead
Through Lota,
Lose sight of other life
Back in Talcahuano.

Above the town, little Mauricio
Stands at the cemetery gate.
He knows people will come.
Behind him emerges a hill
Overlaid with white stones
And crosses that enliven our pace.
His teeth shine like the coins
We drop freely in his hands.

Three workers stand
Tall with tools,
Their eyes
Pass over rooftops,
And reflect upon a dirty sea.

They cultivate plots
As gardens,
Dig softly in the earth,
Seek nothing.

They labor in light
At day's end
Return to Lota
Shrouded in coal.

Parquet (for my father)

"The unity of wood was broken." --Pablo Neruda

Forests from the ninth region
Fall to peasant ox carts.
The strain of wood on denser wood
Cuts a rough melody of axle and wheel
Discordant with the run
Of the Quepe River.

Slivers of the mass
Lie side by side
East to west
North to south
The length of Chile.
Patched back to whole
By artisans of the floor
In stores, classrooms, homes
Parquet moves the feet and eyes
Stop and start through the mosaic.

The master is on his knees
With the patience of oak.
Calloused fingers
Rub true with the grain,
Return music to the wood,
Restore the colors
Revealed the moment of felling.
He is the last master
Aged in the wood.
When the forest runs smooth,
This terrain, too, will be lost.

Gratitude   (for Loreto)

*"It is strictly forbidden to be in the possession of locos,
due to the over-harvesting of these exquisite mollusks."*

She hesitates before conger eels
That hang head up.

Rows of gills gaping red
Draw people into the open
Market at Angelmó.

In tough twine baskets
Woven by Chilote hands
From across the channel
King crabs interlock spines.

Sea urchins swell
In lined-up jars,
On counters
Shellfish tumble
Toward clients,
Flat smoked filets
Lie stacked
Like unleavened bread.

The woman's back is moist
With the sweat of her cargo:
Locos in a burlap bag
Gathered in the night waters
Receding from her poor village.

Before the approach of buyers
She turns away,
Heads into Puerto Montt
Bent on depositing
Her harvest
Into the hands
Of the dentist
Who fixed
Her daughter's teeth
For free.

Gathering Stones at Low Tide on a Deserted Beach in Pelluco

Seagulls stand their ground
At a distance, wait with eyes
Narrowed on half open
Shells with flesh inside.

I am bent toward land
That wasn't land before,
Feel the push of stones
Into my rubber soles,

Stones exposed
For the first time
That pull me
To another level.

I lean into the line
Of moving sea,
Begin to fill my pockets
With colors and shapes:

Ballast, or milestones
For an inlander
Seeking the space
Between earth and sea.

The Woodcutter of Quemchi

"Let the woodcutter awaken."   --Pablo Neruda

It is Sunday. The town is drunk.
He takes the raised
Walkway near the bay
And sways like a sailor
Tacking through the archipelago.
His ballast is unworthy of the sea:
With both hands he clenches
A remnant of the forest
Hewn and smoothed, as dense today
As the sacred trunk of Winter's Bark
Pressing into backs and shoulders
Of Mapuche warriors in the rite of strength.
The double blade captures the sunlight
He does not see.
Its weight draws back his arms,
Turns him toward the seawall,
Pulls him to the house fronts.

In the morning mist the woodcutter
Slices thick Chilote air
Brings his blades
To bear upon the forest.
All of Quemchi is wooden:
Houses built on stilts
To wade the swelling waters of the bay,
Inland homes, every shingle,
Fence, wheelbarrow and church.

Quemchi lives by the sea.
Its people ply green depths and harvest.
On Sundays they gather and drink
To the waters. Alone,
The woodman keeps his hold on wood
Even as he drinks.

Great birds roost near the shore
On overturned boats. The woodcutter of Quemchi
Takes the walkway, sways with his ax,
Struggles between forest and sea.

Father Petek of the Wind

At the end of America
Father Petek measures wind velocity,

Climbs the inner stairs of St. Joseph's
School for Boys and in small quarters converts
Into the continent's austral meteorologist.
Temperatures and rainfalls are logged
In heavy diaries of oak paper.
Particular ink marks the thickness of frost.

He speaks of friends:
A pre-war slaughter of Slovakian priests.
He has come to survive at the end of the world.

On the roof Father Petek
Lights a cigarette, exhales, watches the wind
Move waves in the Strait of Magellan,
Praises the *Poem of the Man-God*.
If there is only time, he says, to read one book…

I see him raise filtered binoculars,
Look into the sun, gauge the spots.

Arriving at Tierra del Fuego on Winter Solstice as the Guest of Elderly Strangers

I

We start fires
In the ranch house
Held for weeks
In cold abeyance
Somewhere below
The Magellanic Clouds.

Afternoon windows
Are black
As flames
Lash the air
That cracks
Like glaciar ice.

With the rumble
Of a generator
Argentine tangos
Fill our space
From the station
Across the border
In Río Grande.

Pedro comes in dancing
With a wry smile
And Norwegian feet
That have tapped out
Nearly eighty years.

With compulsion Carmen
Opens up the kitchen,
Fries sausage and eggs.
As I pass through
With an armload
Of heavy oak
I see my grandmother
Holding a pan,
Haloed by flying grease.

Pedro moves between
Languages, introduces me
To pampa grass,
Whale bones
And Paganini.

II

In a moment
Clear of time
They submit
To the prolonged night:
Pedro disappears, Carmen
Revisits the kitchen
To boil water.

She enters my room,
A bulging wool sock
Lying in her arms
Like a newborn.
She tucks it in
At the foot of the bed
And walks into darkness.

III

From deep in the house,
In the long silence
Of winter solstice,
I hear normal breathing,
While my toes mark time
To tangos and Paganini.

Winter Falls on Tierra del Fuego

Frost drives shards
Into the earth,
Claiming the Great Island.

Thick as frozen wool
It spreads upon the steppes,
Holds fast so horses
Gallop without sound.
Hovering endlessly,
Birds swallow their songs.

This must be
The color of death.
Not white, not yellow,
Not gray,
More the color
Of sheep
Absent too long
From the shearing barn.

The sun gives ground,
Cowering on the horizon,
Sheds only enough light
For solitude
To take root.

Littoral Birth at Isla Negra

I

A boy stands on a beach
At Isla Negra
Facing the horizon.
The line is straight
There are no waves
The water has no color.
He stares
Past the fish
Hurling themselves
Onto the sand at his feet.

Only his head turns back
Toward the limits of land.
He cannot see the man behind him
Worn green from a forest shroud,
The avid embrace of tree and vine
Curtailing the reach of his heart.

He comes with empty eyes
To discover the sea
With empty hands
To gather in nets of algae
Filled with motion and blue
He hears a language
Emerging from salt and foam.
One by one, the waves
Become his heartbeat.

II

On the beach at Isla Negra
Neruda walks the rocks.
His wary staff prods,
Then strokes igneous lumps
Sprung by liquid fire.
They rise and fall, fluid
As a submarinal scheme.

With a wave of his hand
He taps the world of stone,
Awakens spirits we have lost,
Watches empty crevices
Fill with foam.
His words are the ocean's
Breath as he recreates the planet.

III

When his words drop
Into hearts like needed rain
People come to see
What they have done to him.

Twice they buried him
In the earth of his youth.
He lies now at Isla Negra
On a bed of salt,
Dreams the sleep
Of silent motion,
While waves
Lift him gently
Toward a sea of stars.

On the Night Friends Come to Send Me Back Home

for the memory of Martín Cerda

After a full evening
Of wine and words,
Angelina's voice rises
And Martín begins
An anxious dance
Around the room.

Their darkened eyes
Toast me a last time
As they abandon
Half full glasses.
I feel them withdraw
From me, move
Toward the door.

Outside, only soldiers
Walk the streets.
As curfew closes in,
My friends run
Into the night.
I stand alone
On the threshold,
And watch them
Disappear.

The Evening Toast

From the silence of asparagus
Sea bass and puréed potatoes
Francisco takes me down
Another unfamiliar road
When he lifts his glass.

I reach for mine,
Measure the balance
Between the flow
Of white wine
And the spillage of words.

This time he begins with oxen
Lying in the folds
Of Chiloé hills, the only
Movement their mouths
Grinding wild grasses.

He brings up sheep
From the Patagonian pampa
And cattle from the deep south
Who always ruminate alone.

It is my own chewing
That bothers me, he says,
It reminds me too much
Of my own skeleton.

We stare at each other,
Sip and swirl wine
To cleanse our mouths.

Bowing our heads,
We resume eating softly,
Listen for the click-click
Of teeth and bones.

Candlelight in Quintero

I

The only light on
A deserted street
Overflows the butcher shop.

We are left
There on foot
By a driver
Who pulls away
To complete
His last run
Down the coast
To Valparaíso.

We stand at the entrance
Counting bills.

When our eyes see
Again in the dark
Francisco and I
Set out, bags filled
With a night's provisions.

He walks with direction,
Knows the silent roads
That descend to his house.

I follow, listen
For the roar
He described to me
In letters, the roar
Of water rushing
The entrance
To the Pirate's Cave
On the shore.

II

It is dark.
The authorities
Have cut his power.

I stand without vision
Somewhere
In a blackened room
Waiting for Francisco.

My ears follow
His voice
Until he breaks out
From behind candles.

III

I tend to the clay
Bowl in the fire:
Steak and sausage,
Garlic and onions.
Francisco pours beer
Into small glasses
And our words begin
To expand the night.

During the second liter
He offers toasts
To friends
Who have disappeared.

I feel them right here,
I tell him.

He looks up,
Shining with fire,
Reaches for a book
And begins to write.

IV

The room darkens
And cools.
We sip the last
Of the wine
And stare together
At an empty bowl
Settled into ashes.

When it is time
To retire
Francisco leaves,
Climbs the stairs
To his room.

I spend the night
Wrapped in blankets
Near the hearth,
Repeating to myself:
I can never
Leave this man.
He has written me
Into his book.

Garden of Stars

David. David. Francisco
Calls from the dark.
He has risen with intention.
He calls again, his voice
Closing in on my door.

When I last heard him
Use this tone
They took him away,
And he told me
He might die.

I raised my hand to quiet him
But he persisted:
*Don't worry, David,
A dead author sells well.*

Come, he urges now, and
I, too, rise in the night,
Blindly follow the presence
Of this old Chilote man
Borne by the sea.

He leads me through the dark
Channels and turns of his home.
We take a northern course
Down the hallway as I sight
The belt of his robe
Trailing him like a life line.

We enter a bedroom
That by day abounds
With light and air
Books and Beethoven,
But tonight is black
And quiet like a song of death.

A quadrangular opening
Emerges before us,
The window pushed out
All the way toward the Andes.
I see Francisco's face
Next to mine.

He points out Venus, Mars,
Orion's Betelgeuse,
Speaks of his own
Twenty-eight constellations.
Needing no sextant
He brings me stars
I will never see
In my own land.

We lean on the sill,
Against each other,
And watch the sky.
David, he whispers
Into the silence,
This is my garden of stars.
It is the only thing
That keeps me alive.

In Francisco's Work Shed

A hummingbird at eye level among books
Hangs in gold and green fluorescence
From fishing line tacked into rafters
Christened with the names of lost friends.

Other birds have found sanctuary here:
A penguin, washed up at Quintero,
Gutted and sealed with green paint
Floats beak up from a wooden beam.
A cormorant from Chiloé holds
In its beak a stack of shiny coins.

Risen from the waters of Chacao,
A gray stone with white intrusion
Poises in mid-room on invisible twine.
Sea shells twirl on string
And dangle in see-through bags
Before stacks of magazines.
Picoroco shells cling like barnacles
To the shed's timber
And sea suns lean into the blue shade of books.

An overhead window pours light
Onto a writing table covered
With shells and stones, onto walls
Where books are suspended
In the time of this room,
As a flotilla of sailing ships
Grazes the ceiling,
Navigating free from the shoals
And hidden reefs through the deep
Air of this man's life.

ABOUT THE AUTHOR

David A. Petreman was born in Kenosha, Wisconsin in 1948. He was educated at Illinois Wesleyan University (B.A.) and the University of Iowa (M.A. and Ph.D.).

Petreman currently teaches Spanish and Latin American literature at Wright State University.

He has published his poetry in many U.S. and Canadian literary journals and has also published translations of the work of a number of Chilean poets. In 1991 he won the Writers Exchange Competition sponsored by Poets and Writers for the best poetry manuscript from the state of Ohio and was invited to give a reading at the Poetry Society of America in New York.

David Petreman frequently writes poems about his experiences during ten stays in Chile. His translation of a book of poems by Marino Muñoz Lagos, *The Faces of Rain/Los rostros de la lluvia*, was published as a bilingual edition in Chile by LOM Ediciones (2001). His *La obra narrativa de Francisco Coloane (The Narrative Work of Francisco Coloane)*, a literary analysis of the legendary Chilean's work, was published in Chile in 1988 by the Editorial Universitaria. Petreman has published two editions of a translation of Coloane's short stories, *Cape Horn and Other Stories from the End of the World*, published by the Latin American Literary Review Press in Pittsburgh (1991 and 2003). He has also written many articles on Latin American literature. He directs an annual Poetry Series at the Troy Hayner Cultural Center in Troy, Ohio. He has traveled extensively throughout the Hispanic world.

SPANISH
EDITION

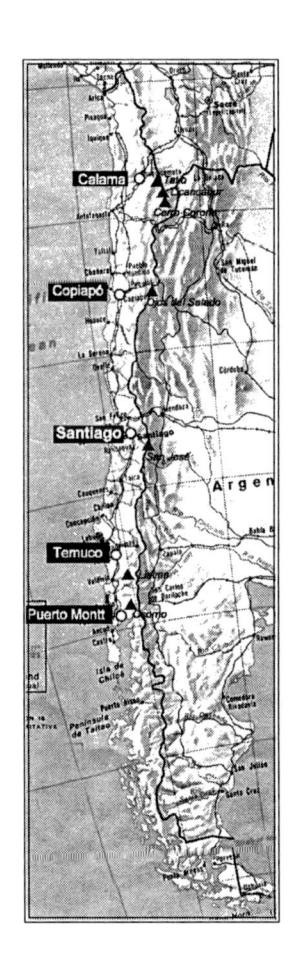

Luz de Vela en Quintero

POEMAS de DAVID A. PETREMAN

DOS MADRES PRESS

Dos Madres Press
P.O. Box 294, Loveland, Ohio 45140
http://www.dosmadres.com
editor@dosmadres.com

La editorial Dos Madres se dedica a la creencia de que las editoriales pequeñas son esenciales para la vitalidad de la literatura contemporánea como portadora tanto de voces nuevas como de las voces del pasado, más viejas y a veces olvidadas. Y en un mundo cada vez más virtual, nos dedicamos a la creación de hermosos libros agradables al ojo y a la mano.

La editorial Dos Madres recibe su nombre en honor a Vera Murphy y a Libbie Hughes, las "dos madres" cuyo aporte ha hecho posible su existencia.

Dos Madres Press, Inc. is an Ohio Not For Profit Corporation and a 501 (c) (3) qualified public charity. Contributions are tax deductible.

Director ejecutivo: Robert J. Murphy

Diseño e ilustración: Elizabeth Murphy
(IllusionStudios.net)

Composición en Palatino & Malagua Demo

RECONOCIMIENTOS

Los siguientes poemas han sido publicados anteriormente en inglés:
"Bernabé" en *The Antigonish Review*
"Ignis Fatuus", "The Evening Toast" ("El brindis de noche"), "In Francisco's Work Shed" ("En el galpón de Francisco") en *Tampa Review*
"Gratitude" ("Agradecimiento") en *Nexos*.
"Father Petek of the Wind" ("Padre Petek del viento") en *The Carolina Quarterly*
"Winter Falls on Tierra del Fuego" ("El invierno cae sobre Tierra del Fuego") en *Illuminations*
"On the Night Friends Come to Send Me Back Home" ("La noche que mis amigos me dan la despedida") en *The American Voice*
"Littoral Birth at Isla Negra" ("Nacimiento litoral en Isla Negra") en *World Order*

Copyright 2011 Dos Madres Press Inc.
All rights to reproduction of the text, quotation,
and translation reside with the author.

Library of Congress Control Number: 2010939735

ISBN 978-1-933675-54-1

para Camille Taylor

Prólogo

En el invierno chileno de 1984, hice el primero de diez viajes—hasta ahora—al país que llamo mi segunda patria. Estuve demasiado ignorante e ingenuo para saber que había caído en la oscuridad de una dictadura brutal.

  Pronto iba a saber, de boca de mis anfitriones, el escritor legendario Francisco Coloane y su esposa, que su hijo Juan Francisco, que era de mi edad, había vivido en el exilio desde el golpe sangriento de 1973, y que su nombre estaba en la lista de los que iban a "eliminar". En seguida, fue claro que yo me había convertido en un hijo suplente. Lo que también se vería claro serían los horrores y temores de una nación entera y cómo la gente esperaba, esperaba para que se cayera el dictador.

  Yo viajaba por gran parte de Chile, sobre todo en el sur, hasta la punta más meridional de Sudamérica, y crucé el Estrecho de Magallanes para llegar a Tierra del Fuego, donde como por arte de magia escucharía por primera vez en mi vida a Paganini y donde comprendería el verdadero significado de la soledad. Por la ruta de mis viajes, vi bosques vírgenes, pueblos mineros, y las místicas islas de Chiloé, donde naciera Coloane en el pueblo de Quemchi. Experimenté la gran energía del mar y de la cordillera de los Andes, y contemplé una naturaleza tan majestuosa que parecía extender a Chile mucho más allá de su estrecha faja de tierra.

De la desesperanza que presencié y de mi propio miedo surgió paradójicamente una especie de valor y de esperanza, al conocer a poetas y a otros escritores, a artistas y a músicos, a una dentista, a un cura-meteorólogo, a pescadores, a campesinos pobres, a obreros humildes, a los borrachos de pueblo, y a un dueño de una estancia en Tierra del Fuego. A través de sus vidas e historias, me adherí a una camaradería diferente a cualquiera de las que había vivido anteriormente. Allí descubrí el espíritu de Pablo Neruda en su propia tierra y, aún más importante para mí, tuve la gran suerte de hacerme amigo íntimo del amigo, confidente y compañero de trago y de letras de Neruda, Francisco Coloane.

Coloane me invitó muchas veces a vivir en su casa en Santiago y a alojarme, con o sin él, en su casa-santuario en la costa del mar Pacífico, en Quintero. De la oscuridad de la dictadura surgió la luz de la vida de este hombre. Su figura llegó a ser más grande que la vida para el pueblo chileno, y para mí, todavía lo es, ocho años después de su muerte, porque sigo viéndolo flotar por su "jardín de estrellas".

Francisco y su país me marcaron para siempre.

El hijo suplente

Entro en una pieza
intacta durante once años,

ropa de cama tendida,
frazadas colocadas
contra la extensión
de más inviernos santiaguinos
que creían poder vivir sin él.

En la silla una piel
de canguro no gastada
por la espalda de un joven
sentado firme, intentando leer
en las primeras luces
del amanecer andino,

los roperos llenos de perchas
sin ropa—un solo albornoz
que espera su regreso.

Me siento, vuelvo las sábanas,
doblándolas lentamente
como si fueran páginas
de un libro sagrado.

Dicen que soy la sombra
de Juan Francisco:
he purificado el hogar,
he devuelto la vida.

En las noches invernales
me entrego al aire frío,
me arropo en sus frazadas,
respiro a pleno pulmón,
y veo el aliento que se evapora
como un hijo exiliado.

El patio

Es
tan
estrecho
que durante
la noche
se llena
de hojas
de palto,
raramente
acepta
una fina cinta
de sol.
Cuando sí,
ella viene,
bata negra,
escoba,
balde de agua,
para cuidar
tres plantas,
para ella misma,
su esposo
y el hijo
que se arrancó
durante los
primeros días.
Ella sabe
que el mañana
puede traer
otro mes
sin luz,
las plantas
se arraigan
en la tierra
sin posibilidad
alguna
de florecer.

Botellas al mar

> *"Echa tu pan sobre las aguas;*
> *que después de muchos días lo hallarás."*
> —El libro de Eclesiastés, 11:1

La primera botella es tragada
mar adentro por la marea
y por la luna de septiembre
que apoya las voces
que cantan libremente
del trabajo y de la fe
de la tristeza y de la alegría
ahora de golpe acalladas
por la fuerza negra
que tapa su luz.

Es Santa Rita
Cabernet Sauvignon
suelta, flotando vacía
salvo un lastre frágil,
una sola frase en una tira de papel:
Va a caer.

Las noches sucesivas
engendran más botellas.
La marea fielmente las remolca.
Sube y baja Santa Clara,
en su bodega otro mensaje:
Va a caer.

La oscuridad perdurable
produce flotillas.
Unas Santa Carolina
llenadas con ecos
(*y va a caer*)
y gritos
ahogados
allá en la tierra,
unas Santa Blanca
incorporan líneas
salpicadas de sangre,

tiras de papel
se asientan en el vidrio
como las heces
de un vino sobrante,
(y va a caer.)

Las botellas contienen
palabras que se hunden
más pesadamente
en las corrientes saladas:
las Santa Emiliana
tienen una reserva
de voces singulares,
de madres huérfanas de hijos
cuyas preguntas están sacadas
de la garganta
allá en la tierra,
y las voces de niños
que se niegan a nacer
hasta que puedan ver alguna luz.
Las Santa Ana llevan
las canciones de Jara
y los ecos inolvidables
(y va a caer)
que se alzan de estadios cavernosos.

Ola a ola
el mar inmenso acoge
con sus crestas:
palabras que caen
página a página
despachadas de la tierra
que se hunde
a botellas desesperadamente tragadas.
(Y va a caer.)

Las Santas, llevadas
en la noche
por crecientes oleajes
flotan, suben y bajan
una por una
señalan una luna descubierta
y comienzan a parpadear

como velas encendidas
en un tiempo de espera.
(Y va a caer.)

Voces sobre el mar
resuenan
en los oídos
de los que miran,
que esperan
que el mar
dé vida otra vez
otra vez
en las olas que caen,
(y va a caer)
que devuelva las palabras perdidas
y las canciones olvidadas
otra vez
en las olas que caen,
(y va a caer)
que devuelva páginas,
y libros perdidos,
y nombres de los que sí
desaparecieron
en olas que caen
(y va a caer)
en otras playas
distantes,
que vuelven a caer en las nuestras,
llevando botellas
y voces
que vuelven a la tierra.
Esperen…esperen.
Va a caer.
Esperen.

Bernabé

No hay madre
que pudiera levantar a este niño,
ni cóndor
que bajara a tal carroña.

Susana lo encuentra
cubierto de cal,
ramas y tablas, su piel
estirándose como la piel
de un ciervo, estacada
para curtirla.

Soldados
se lo quitan a ella otra vez.
Otra vez tratan de robar la verdad.
Lo meten entero con los miembros
de otros en bolsas para acarrear
como si fueran cartas que se amontonan,
y nadie va a repartir.

Susana vuelve la cara,
agarrando un retazo
de la camisa de su hijo.
De camino a su casa
lo mece en sus brazos,
luego lo entierra
detrás de la choza
para que el amanecer
no la encuentre nunca
sola.

En la Plaza Ambrosio del Río

para Eduardo Llanos Melussa

Leo sus versos
bajo la lluvia
de flores de jacarandá.

Caen en la página,
matizan su mano
en tono más delicado.

Las tablillas del banco
encuentran mis huesos.
Me siento firme
tan lejos de mi hogar,
miro un pájaro tordo
que inclina su cabeza
en la arena,
luego salta.

Veo a los niños
que pudieran ser míos
golpear la pelota,
mojarse en la fuente,
jugar al escondite
entre los árboles que se despojan
de su túnica de noviembre.

Corren ante mí,
se gritan los nombres.
Finjo leer,
mientras prenso flores azules
para mi familia
en un libro de poemas.

Humiliana: foto en la pieza contigua

Su sonrisa es tan frágil
que debió haber estado apenada.
Quizás no entendiera
la cámara, o se sintiera traicionada,
o tuviera miedo de lo que le robara.

Puedo ver cómo los bordes
de sus labios bajan
hasta donde el mundo
siempre la encontraba:

preparando el bote para que Pancho
fuera a la escuela, llevando
su caballo al terrenito,
sembrando para una temporada breve,
esperando a que su esposo ballenero
navegara de vuelta a casa.

Se levanta mi vista a sus ojos
oscuros y tristes
y veo a mi tía Laura, cojeando
por la vieja sala,
portando su pierna a la cocina,
arrastrándose a una muerte
temprana de cáncer, oigo de nuevo
el lamento de pena
que abrió la boca de mi madre
al amanecer, en un día de escuela,

hasta que Humiliana me calme,
me traiga hasta donde todo está bien,
donde las cosas se cumplen,
donde rizos yacen en su frente,
donde su mirada me tiene.

Humiliana. Madre humilde
de Francisco. Voy a la pieza contigua
para verte cuando me siento solo,
para ver que te has levantado
de la tierra, y que eres tan pura
para ser la madre de todos nosotros.

Ignis fatuus
Gracias a Virginia Vidal

Las mujeres de la vida
abandonan su casa,
vienen una por una,
ocupan la calle,
alumbran la noche
con velas.

Una inclina el cuerpo
recibe la llama
mecha a mecha,
se arrodilla, coloca
otra vela
en una extendida
animita,
una creciente marea
luminosa
situada donde la muerte
despachó a un cartero
del mundo
de ladrones y cuchillos.

Hombres tentados
con ojos brillantes
asoman,
mujeres y niños
cruzan territorio
virgen.

Lumbreras
de la noche
callejean
como si pasearan
en el balcón de una casa
que da al mar.
Esperan y miran
delante de un océano de cera
y fuego,
su única preocupación
el alma
del cartero,
verdadero proveedor
del amor.

La vuelta a Lota

"En mi país encarcelan a mineros."
--Pablo Neruda

Si esto fuera un sueño
el humo desaparecería encima del pueblo

empotrado entre el cementerio y un mar
que pesa sobre bosques primitivos,
y se filtra por el tiempo para picar
los ojos de generaciones
encorvados sub terra para cavar,
labrar y recobrar
la madera petrificada
en pozos abruptos,
allá en túneles que se abren y reptan
millas y millas bajo las olas.

Padres precipitan
a sus propios hijos
donde el retumbo confunde—
cachones, explosivos,
terremotos o carros
llenos del carbón incandescente
como sus vidas.

Las sábanas atrapan el humo,
tendidas en los postes de las entradas
ante muros otrora blancos,
azules paquete de vela o amarillos.
El polvo negro se asienta
en la pelambre de los perros
que esperan en el frío
junto a puertas cerradas.

Caminamos como muertos
por Lota,
perdemos de vista la otra vida
allí en Talcahuano.

Cuesta arriba, el pequeño Mauricio
se instala a la puerta del camposanto.
Sabe que vendrá la gente.

Tras él emerge
una colina luminosa
revestida de blancas piedras imán
y cruces que avivan nuestros pasos.
Sus dientes brillan como las monedas
que dejamos caer en su mano.

Tres labradores se posan
muy altos con sus herramientas,
los ojos
pasan sobre los techos
y reflejan un mar sucio.

Cultivan parcelitas
como si fueran remedos de huertas,
cavan ligeramente en la tierra
sin arrancarle nada.

Laboran en la luz tenue
al final del día
vuelven a una Lota
amortajada en carbón.

Parquet (para mi padre)

"Se rompió la unidad de la madera." --Pablo Neruda

Los bosques de la novena región
yacen en las carretas de bueyes.
Compases de madera
sobre madera
graban una melodía áspera
de eje y rueda
disonante con la corriente del río Quepe.

Castillos de tablas
uno al lado de otro
de este a oeste
de norte al sur
a lo largo de Chile,
restituidos
por artesanos del suelo
en tiendas, aulas, casas
el parquet mueve los pies
y los ojos hacen eses por el mosaico.

El maestro está de rodillas
con la paciencia del roble.
Los dedos encallecidos
alisan fiel la fibra,
devuelven la música a la madera,
restablecen los colores
revelados en el momento del talaje.
Él es el último maestro
añejado en la madera.
Cuando el bosque se agote
este terreno también perderá prestigio.

Agradecimiento (para Loreto)

"Se prohibe la posesión de locos."

Ella vacila ante congrios
que cuelgan cabeza arriba.

Filas de abiertas agallas rojas
atraen a la gente al mercado
en la caleta de Angelmó.

En fuertes cestas tejidas
por manos chilotas
del otro lado del canal
grandes centollas entrelazan piernas.

Los erizos se hinchan
en la línea de jarros,
sobre los mostradores
los mariscos se desploman
hacia los clientes,
y planos pescados ahumados
yacen amontonados
como pan ázimo.

La espalda de la mujer
está mojada de sudor por su carga:
en una bolsa de arpillera
locos, recogidos de las aguas nocturnas
que bajaron de su pueblo pobre.

Ante la proximidad de compradores
vuelve la cara,
se encamina al centro de Puerto Montt
seriamente encorvada para depositar
su cosecha
en las manos
de la dentista
que arregló gratis
los dientes de su hija.

Recogiendo piedras en la bajamar en una playa desierta en Pelluco

Las gaviotas se mantienen en sus trece
a una distancia, esperan con los ojos
enfocados en machas y almejas
entreabiertas de carne suculenta.

Me encorvo hacia la tierra
que antes no era tierra,
siento el empuje de piedras
en mis suelas de goma,

piedras expuestas
por primera vez
que me remolcan
a otro nivel.

Me inclino hacia la línea
de un mar agitado,
y empiezo a llenar los bolsillos
con colores y formas:

lastre, o piedras miliarias
para un habitante del interior
que busca el espacio
entre la tierra y el mar.

El leñador de Quemchi

"Que despierte el leñador." --Pablo Neruda

Es domingo. El pueblo está borracho.
Él sigue el camino elevado
cerca de la bahía
y se tambalea como un marinero
dando bordadas por el archipiélago.
Su lastre, indigno del mar:
con ambas manos aprieta
un resto del bosque
tallado y desbastado,
tan denso hoy como el tronco
del sagrado canelo que bien se asienta
en los hombros de los guerrilleros mapuches
en el rito de la fuerza.
Él no ve el doble filo
que captura el sol.
Su peso tira hacia atrás sus brazos,
ahora lo vuelve hacia el dique
ahora hacia las fachadas de las casas.

En la niebla de la mañana el leñador
taja el denso aire chilote,
lleva sus filos
para que se vengan abajo sobre el bosque.
Todo Quemchi es de madera:
los palafitos
que vadean las aguas crecientes de la bahía,
las casas del interior, cada tablilla,
cerca, carretilla e iglesia.

Quemchi vive del mar.
Su gente navega profundidades verdes
y cosecha.
En los domingos se reune
y brinda por las aguas. Solo,
el leñador mantiene su vínculo
con la madera
inclusive cuando bebe.

Grandes pájaros se posan
en botes volcados cerca de la orilla.
El leñador de Quemchi
anda por el camino elevado,
se tambalea con su hacha
luchando por escoger
entre el bosque y el mar.

Padre Petek del viento

En el fin de América
el Padre Petek mide
la velocidad del viento,

sube la escalera interior
del Colegio San José
y en un cuarto pequeño se convierte
en el meteorólogo austral del continente.
Temperaturas y lluvias están notadas
en pesados cuadernos de papel de roble.
Un tinto particular señala la espesura de la escarcha.

Habla de amigos:
una masacre pre-guerra de curas eslovacos.
Ha venido al fin del mundo para sobrevivir.

En el techo el Padre Petek
enciende un cigarrillo, exhala
mira cómo el viento mueve
las olas en el Estrecho de Magallanes,
alaba el *Poema del Hombre-Dios.*
Si sólo hubiera tiempo, dice, para leer
un libro…

Lo veo levantar binoculares filtrados,
mirar directamente el sol, y estimar las manchas.

Llegando a Tierra del Fuego en el solsticio de invierno como invitado de desconocidos viejos

I

Encendemos un fuego
en la casa de la estancia
contenida en suspensión fría
durante semanas
en alguna parte
debajo de las Nubes Magallánicas.

Ventanas del atardecer
están negras
cuando las llamas
azotan el aire
que chasquea
como hielo glacial.

Con el estrépito
de un generador
llenan el espacio
tangos argentinos
de una emisora
más allá de la frontera,
en Río Grande.

Pedro entra bailando
con su sonrisa astuta
y unos pies noruegos
que han zapateado
casi ochenta años.

Compulsivamente Carmen
abre la cocina,
fríe salchicha y huevos.
Mientras paso
con una brazada
de leña de pesado roble
veo a mi abuela
agarrando una sartén,
con un halo de grasa voladora.

Pedro se maneja
entre varios idiomas,
me presenta pasto coirón,
huesos de ballenas
y Paganini.

II

En un momento
desatado del tiempo
se someten
a la noche prolongada:
Pedro desaparece, Carmen
vuelve a visitar la cocina
para hervir agua.

Ella entra en mi pieza,
una botella de agua caliente
acostada en sus brazos
como un recién nacido.
La mete al pie de mi cama
y camina hacia la oscuridad.

III

Desde lo profundo de la casa,
dentro del silencio largo
del solsticio invernal,
escucho la respiración normal
de la pareja vieja
mientras las puntas de mis pies
se mueven al compás de
tangos y Paganini.

El invierno cae sobre Tierra del Fuego

La escarcha clava
fragmentos en la tierra
reclamando para sí
la Isla Grande.
Espesa como lana helada,
se extiende por las estepas,
adhiriéndose tanto al suelo
que los caballos
galopan sin ruido.
Sin posarse
los pájaros se ciernen
y tragan su canción.

Esto debe ser
el color de la muerte.
Ni blanco, ni amarillo,
ni gris,
más bien el color
de ovejas
demasiado ausentes
del galpón de esquila.

El sol pierde terreno,
se encoge en el horizonte,
da apenas luz suficiente
para que se arraigue
la soledad.

Nacimiento litoral en Isla Negra

I

Un muchacho está de pie
en la playa de Isla Negra
de cara al horizonte.
La línea es recta
no hay olas
el agua no tiene color.
Mira fijamente
más allá de los peces
que se arrojan en la arena
a sus pies.

Solamente vuelve su cabeza
hacia los límites de la tierra.
No puede ver al hombre detrás de sí
desgastado hasta ser verde
de una mortaja forestal,
el abrazo ávido de árbol y liana
acorta el alcance de su corazón.

Viene con ojos vacíos
para descubrir el mar
con manos vacías
para recoger redes de alga
llenas de movimiento y azul.
Oye emerger
un lenguaje de sal y espuma.
Una por una las olas
se convierten en latidos de su corazón.

II

En la playa en Isla Negra
Neruda camina por las rocas.
Su bastón cauteloso pica
luego acaricia terrones ígneos
nacidos de fuego líquido.
Suben y bajan, fluidos
como un esquema submarino.

Con un movimiento de la mano
golpea suavemente el mundo de piedra,
despierta espíritus que hemos perdido,
mira grietas vacías
llenándose de espuma.
Sus palabras son el aliento del mar
mientras recrea el planeta.

III

Cuando sus palabras caen
sobre los corazones como lluvia necesaria
la gente viene a ver
el daño que le han hecho.

Dos veces lo enterraron
en la tierra de su juventud.
Yace ahora en Isla Negra
sobre un lecho de sal,
duerme el sueño
de movimiento silencioso,
mientras las olas
lo elevan tiernamente
hacia un mar de estrellas.

La noche que mis amigos me dan la despedida

(a la memoria de Martín Cerda)

Al final de una noche llena
de vino y palabras
la voz de Angelina
suena más fuerte
y Martín con inquietud
comienza a bailar
por todos lados.

Sus ojos oscuros
por última vez me brindan
mientras ellos abandonan
vasos a medio llenar.
Los siento apartarse
de mí, y se mueven
hacia la puerta.

Afuera, los soldados
caminan en las calles.
Mientras se acerca
el toque de queda
mis amigos corren
hacia la noche.
Estoy parado
en el umbral
y los veo
desaparecer.

El brindis de noche

Del silencio de espárrago,
corvina y puré de papas
Francisco me lleva
por otro camino desconocido
cuando levanta su vaso.

Alzo el mío,
mido el equilibrio
entre el flujo
del vino blanco
y el vertido de palabras.

Esta vez, él comienza con los bueyes
tendidos en los pliegues
de las colinas de Chiloé,
el único movimiento, los hocicos
que rumian el pasto.

Saca a relucir las ovejas
de la pampa patagónica
y el ganado del extremo sur
que siempre rumia solo.

Es mi propio masticar
que me molesta, dice.
Me recuerda demasiado
mi propio esqueleto.

Nos miramos fijamente,
sorbemos y limpiamos
la boca con el vino.

Inclinando la cabeza,
continuamos comiendo,
a la escucha del clic-clic
de dientes y huesos.

Luz de vela en Quintero

I

La única luz
en una calle desierta
se desborda de la carnicería.

Estamos abandonados allí,
a pie, por un chófer
que se arranca
para terminar
su último recorrido
por la costa
hasta Valparaíso.

Nos quedamos en la entrada,
contando billetes.

Cuando nuestros ojos
se acostumbran de nuevo
a la oscuridad
Francisco y yo
partimos con unas bolsas llenas
de las provisiones para la noche.

Él camina con intención,
conoce los senderos
que descienden hasta su casa.

Lo sigo, a la escucha
del estruendo
que me describió
en cartas, el estruendo
de agua que se precipita
a la entrada
de la Cueva del Pirata
a la orilla del mar.

II

Está oscuro.
Las autoridades
le han cortado su fuerza.

Me coloco sin visión
en alguna parte
de una pieza ennegrecida,
esperando a Francisco.

Mis oídos siguen
su voz
hasta que se rompe
desde detrás de velas.

III

Atiendo la greda
en la chimenea:
filetes y salchicha,
ajo y cebollas.
Francisco sirve cerveza
en vasos pequeños
y nuestras palabras comienzan
a extender la noche.

Durante el segundo litro
él brinda
por amigos
desaparecidos.

Los siento aquí mismo,
le digo.

Levanta la vista,
brilla con fuego.
Alarga una mano
para conseguir un libro
y comienza a escribir.

IV

La pieza se oscurece
y se enfría.
Sorbemos lo que queda
del vino y juntos
miramos fijamente
la greda vacía
ya hundida en cenizas.

Cuando es hora
de ir a dormir,
Francisco sale,
sube la escalera
hasta su pieza.

Paso la noche
envuelto en frazadas
al lado de la chimenea,
repitiéndome a mí mismo:
no puedo salir de aquí.
Él me ha colocado
en su libro.

Jardín de estrellas

David. David. Francisco
llama desde la oscuridad.
Se ha levantado con intención.
Llama de nuevo, su voz
cada vez más cerca.

La última vez que lo oí
usar este tono
lo sacaron de la casa
y me dijo
que podría morir.

Levanté la mano para acallarlo
pero persistió:
*No te preocupes, David,
un autor muerto vende muchos libros.*

Ven, insta ahora
y yo, también, me levanto en la noche,
a ciegas sigo la presencia
de este chilote viejo
producido por el mar.

Me guía por los oscuros
canales y vueltas de su casa.
Vamos por un camino norteño
cuando diviso
el cinturón de su albornoz
arrastrándose como una cuerda salvavidas.

Entramos en la pieza
que de día abunda
de luz y aire
libros y Beethoven,
pero esta noche está negra
y silenciosa como una canción de muerte.

Una apertura cuadrangular
emerge ante nosotros:
la ventana extendida
completamente hacia los Andes.
Veo el rostro de Francisco
al lado del mío.

Señala Venus, Marte,
Betelgeuse de Orión,
habla de sus propias
veintiocho constelaciones.
Sin necesidad de sextante
me indica estrellas
que no veré nunca
en mi propia tierra.

Nos apoyamos en el aféizar,
él en mí, yo en él,
mirando el cielo.
David, cuchichea
en el silencio,
Éste es mi jardín de estrellas.
Es la única cosa que me mantiene vivo.

En el galpón de Francisco

Un picaflor a la altura del ojo, entre libros,
cuelga en fluorescencia oro y verde,
de un sedal clavado en las vigas
bautizadas con los nombres de amigos desaparecidos.

Otros pájaros se han refugiado aquí:
un pingüino, arrojado por el mar en Quintero,
destripado y sellado con pintura verde,
flota rostro arriba de un travesaño.
Un cormorán de Chiloé guarda en su boca
siete pequeñas monedas brillantes.

Sacada de las aguas de Chacao,
una piedra gris con veta blanca
se balancea en medio del cuarto de un hilo invisible.
Caracoles atados con cuerdas dan vueltas
o cuelgan dentro de bolsas transparentes
enfrente de una estantería de revistas.
Picorocos se sujetan a la madera del galpón
y soles de mar se inclinan a la sombra azul de libros.

Una claraboya vierte la luz
sobre un escritorio cubierto
de conchas y piedras, sobre paredes
donde los libros están suspendidos
dentro del tiempo de este cuarto,
mientras una flotilla roza el techo,
navegando, libre de bajíos
y arrecifes escondidos, por el aire
profundo de la vida de este hombre.

Índice

- LV   Introducción
- 57   El hijo suplente
- 58   El patio
- 59   Botellas al mar
- 62   Bernabé
- 63   En la plaza Ambrosio del Río
- 64   Humiliana: foto en la pieza contigua
- 65   Ignis fatuus
- 66   La vuelta a Lota
- 68   Parquet
- 69   Agradecimiento
- 70   Recogiendo piedras en la bajamar en una playa desierta en Pelluco
- 71   El leñador de Quemchi
- 73   Padre Petek del viento
- 74   Llegando a Tierra del Fuego en el solsticio de invierno como invitado de desconocidos viejos
- 76   El invierno cae sobre Tierra del Fuego
- 77   Nacimiento litoral en Isla Negra
- 79   La noche que mis amigos me dan la despedida
- 80   El brindis de noche
- 81   Luz de vela en Quintero
- 84   Jardín de estrellas
- 86   En el galpón de Francisco
- 91   Sobre el Autor

SOBRE EL AUTOR

David A. Petreman nació en Kenosha, Wisconsin, EEUU, en 1948. Recibió su bachillerato, con Especialización en la Lengua Castellana, en Illinois Wesleyan University, y la Maestría y el Doctorado en Literatura Latinoamericana de la Universidad de Iowa. Actualmente, él enseña lengua castellana y literatura latinoamericana en la Wright State University en Dayton, Ohio.

Ha publicado su poesía en muchas revistas literarias en los Estados Unidos y en el Canadá y también ha publicado sus traducciones al inglés de la obra de varios poetas chilenos. En 1991 ganó el Concurso Poético de "Poets & Writers" de la ciudad de Nueva York, con el mejor manuscrito del Estado de Ohio, y fue invitado a leer su poesía en Nueva York en la Sociedad de Poesía de América.

El profesor Petreman escribe frecuentemente de sus experiencias durante sus diez estadías en Chile. Su traducción del libro de poemas del chileno Marino Muñoz Lagos, *Los rostros de la lluvia/The Faces of Rain*, fue publicada en Chile por LOM Ediciones en 2001. Su libro, *La obra narrativa de Francisco Coloane*, un análisis literario de la obra del legendario escritor chileno, fue publicado por la Editorial Universitaria (Santiago, Chile) en 1988. Petreman ha publicado dos ediciones de su traducción al inglés de los cuentos de Francisco Coloane, *Cape Horn and Other Stories from the End of the World/Cabo de Hornos y otros cuentos del fin del mundo*, publicadas por la editorial Latin American Literary Review Press (Pittsburgh, EEUU), 1991 y 2003. Como crítico Petreman también ha publicado muchos artículos sobre literatura latinoamericana. Desde hace diez años, dirige una serie anual de recitales poéticos en el Centro Cultural Troy-Hayner, en Troy, Ohio. Poeta, crítico y docente, cuenta con una extensa experiencia de viaje por el mundo hispánico.

SOBRE EL AUTOR

David A. Petreman nació en Kenosha, Wisconsin, EEUU, en 1948. Recibió su bachillerato, con Especialización en la Lengua Castellana, en Illinois Wesleyan University, y la Maestría y el Doctorado en Literatura Latinoamericana de la Universidad de Iowa. Actualmente, él enseña lengua castellana y literatura latinoamericana en la Wright State University en Dayton, Ohio.

Ha publicado su poesía en muchas revistas literarias en los Estados Unidos y en el Canadá y también ha publicado sus traducciones al inglés de la obra de varios poetas chilenos. En 1991 ganó el Concurso Poético de "Poets & Writers" de la ciudad de Nueva York, con el mejor manuscrito del Estado de Ohio, y fue invitado a leer su poesía en Nueva York en la Sociedad de Poesía de América.

El profesor Petreman escribe frecuentemente de sus experiencias durante sus diez estadías en Chile. Su traducción del libro de poemas del chileno Marino Muñoz Lagos, *Los rostros de la lluvia/The Faces of Rain*, fue publicada en Chile por LOM Ediciones en 2001. Su libro, *La obra narrativa de Francisco Coloane*, un análisis literario de la obra del legendario escritor chileno, fue publicado por la Editorial Universitaria (Santiago, Chile) en 1988. Petreman ha publicado dos ediciones de su traducción al inglés de los cuentos de Francisco Coloane, *Cape Horn and Other Stories from the End of the World/Cabo de Hornos y otros cuentos del fin del mundo*, publicadas por la editorial Latin American Literary Review Press (Pittsburgh, EEUU), 1991 y 2003. Como crítico Petreman también ha publicado muchos artículos sobre literatura latinoamericana. Desde hace diez años, dirige una serie anual de recitales poéticos en el Centro Cultural Troy-Hayner, en Troy, Ohio. Poeta, crítico y docente, cuenta con una extensa experiencia de viaje por el mundo hispánico.

LaVergne, TN USA
21 February 2011
217263LV00001B/39/P